Todos los libros de Linkgua Ediciones cuentan con modelos de Inteligencia Artificial entrenados por hispanistas. Pregúntale al chat de tu libro lo que desees acerca de la obra o su autor/a.

Para ebooks: Accede a nuestro modelo de IA a través de este enlace.

Para libros impresos: Escanea el código QR de la portada con tu dispositivo móvil.

Obtén análisis detallados de nuestros libros, resúmenes, respuestas a tus preguntas y accede a nuestras ediciones críticas generativas para una experiencia de lectura más enriquecedora.
La transparencia y el respeto hacia la autoría de las fuentes utilizadas son distintivos básicos de nuestro proyecto. Por ello, las respuestas ofrecen, mediante un sistema de citas, las fuentes con las que han sido elaboradas.

Simón Bolívar

Discursos

Barcelona 2024
Linkgua-ediciones.com

Créditos

Título original: Discursos.

© 2024, Red ediciones S.L.

e-mail: info@linkgua.com

Diseño de la colección: Michel Mallard.

ISBN rústica ilustrada: 978-84-9007-269-1.
ISBN tapa dura: 978-84-1126-713-7.
ISBN ebook: 978-84-9897-039-5.

Sumario

La vida

Caracas, 24 julio 1783-Santa Marta, Colombia, 17 diciembre 1830.

Simón Bolívar nació en una familia aristócrata y tuvo una excelente educación. Sus padres murieron cuando tenía nueve años. En 1799 viajó a España para estudiar, y en 1802 se casó con María Teresa Rodríguez del Toro y Alayza; quien murió un año después en Venezuela.

Bolívar vivió otra vez en Europa en 1804 y en Roma hizo el célebre juramento de no descansar hasta que América fuese libre.

A raíz de los acontecimientos del 19 de abril de 1810, Bolívar fue enviado a Inglaterra con Andrés Bello y Luis López Méndez en una misión diplomática para lograr el reconocimiento de la nación que habían fundado.

Tras la derrota de Miranda por las fuerzas realistas, Bolívar huyó a Cartagena desde donde regresó a Venezuela en 1813 y fue proclamado Libertador en Mérida. Allí hizo pública la «Guerra a muerte». En agosto tomó Caracas y empezó la segunda república.

En 1819 se creó el congreso de Angostura y se fundó la Gran Colombia (Venezuela, Colombia, Panamá y Ecuador) de la que fue nombrado presidente. En agosto de ese año ganó la Batalla de Boyacá y cruzó los Andes para liberar Perú, saliendo invicto junto a Sucre en la Batalla de Junín, el 6 de agosto de 1824.

Durante su estancia fuera de Venezuela lo apartaron del poder en medio de las rivalidades entre los caudillos. Murió en Colombia, en la ciudad de Santa Marta, el 17 de diciembre de 1830.

Discursos

Discurso pronunciado el 2 de enero de 1814, en el templo de San Francisco, en Caracas, ante la asamblea convocada en aquella iglesia

Ciudadanos:

EL ODIO a la tiranía me alejó de Venezuela cuando vi a mi patria segunda vez encadenada; y desde los confines lejanos del Magdalena, el amor de la libertad me ha conducido a ella, venciendo cuantos obstáculos se oponían a la marcha que me encaminaba a redimir a mi país de los horrores y vejaciones de los españoles. Mis huestes, seguidas por el triunfo, lo han ocupado todo, y han destruido el coloso enemigo. Vuestras cadenas han pasado a vuestros opresores; y la sangre española que tiñe el campo de batalla ha vengado a vuestros compatriotas sacrificados.

Yo no os he dado la libertad. Vosotros la debéis a mis compañeros de armas. Contemplad sus nobles heridas, que aún vierten sangre; y llamad a vuestra memoria a los que han perecido en los combates. Yo he tenido la gloria de dirigir su virtud militar. No ha sido el orgullo ni la ambición del poder los que me han inspirado esta empresa. La libertad encendió en mi seno este fuego sagrado; y el cuadro de mis conciudadanos expirando en la afrenta de los suplicios, o gimiendo en las cadenas, me hizo empuñar la espada contra los enemigos. La justicia de la causa reunió bajo mis banderas los más valerosos soldados y la providencia, justa, nos condujo a la victoria.

Para salvaros de la anarquía y destruir a los enemigos que intentaron sostener el partido de la opresión, fue que admití y conservé el Poder Soberano. Os he dado leyes; os he organizado una administración de justicia y de rentas, y, en fin, os he dado un gobierno.

¡Ciudadanos! Yo no soy el soberano. Vuestros representantes deben hacer vuestras leyes; la hacienda nacional no es de quien os gobierne. Todos los depositarios de vuestros intereses deben mostraros el uso que han hecho de ellos. Juzgad con imparcialidad si he dirigido los elementos del poder a mi propia elevación, o si he hecho el sacrificio de mi vida, de mis sentimientos, de todos mis instantes por constituiros en nación, por aumentar vuestros recursos, o más bien por crearlos.

Anhelo por el momento de trasmitir este poder a los representantes que debéis nombrar; y espero, ciudadanos, que me eximiréis de un destino que alguno de vosotros podrá llenar dignamente, permitiéndome el honor a que únicamente aspiro, que es el de continuar combatiendo a vuestros enemigos, pues no envainaré jamás la espada mientras la libertad de mi patria no esté completamente asegurada.

Vuestras glorias adquiridas con la expulsión de vuestros opresores se veían eclipsadas; vuestro honor se hallaba comprometido: vosotros lo habíais perdido, sucumbiendo bajo el yugo de los tiranos.

Erais víctimas de una venganza cruel. Los intereses del Estado estaban en manos de bandidos. Decidid si vuestro honor se ha repuesto; si vuestras cadenas han sido despedazadas; si hemos exterminado a vuestros enemigos; si os he administrado justicia, y si he organizado el erario de la República.

Os presento tres informes justificados de aquellos que han sido mis órganos para ejercer el Poder supremo. Los tres secretarios de Estado os harán ver si volvéis a aparecer en la escena del mundo y si las naciones todas, que ya os consideraban anonadados, vuelven a fijar su vista sobre vosotros y a contemplar con admiración los esfuerzos que hacéis por conservar vuestra existencia; si éstas mismas naciones podrán oponerse a proteger y reconocer vuestro pabellón nacional; si vuestros enemigos han sido destruidos tantas cuántas veces se han presentado contra los ejércitos de la república; si puesto a la cabeza de ellos he defendido vuestros derechos sagrados; si he empleado vuestro erario en vuestra defensa; si he expedido reglamentos para economizarlo y aumentarlo, y si aun en medio de los campos de batalla y del calor de los combates he pensado en vosotros, y en echar los cimientos del edificio que os constituya una nación libre, feliz y respetable. Pronunciad, en fin, si los planes adoptados podrán hacer que se eleve la república a la gloria y a la felicidad.

Otro discurso, improvisado en la iglesia de San Francisco, en Caracas, el 2 de enero de 1814, ante la asamblea allí reunida

No he podido oír sin rubor, sin confusión, llamarme héroe y tributarme tantas alabanzas. Exponer la vida por la patria es un deber que han llenado nuestros hermanos en el campo de batalla: sacrificar todo a la libertad, lo habéis hecho vosotros mismos, compatriotas generosos. Los sentimientos que elevan mi alma exaltan también la vuestra. La providencia, y no mi heroísmo, ha operado los prodigios que admiráis.

Luego que la demencia o la cobardía os entregaron a los tiranos, traté de alejarme de este país desgraciado. Yo vi al pérfido que os atraía a sus lazos para dejaros prendidos en las cadenas. Fui testigo de los primeros sacrificios que dieron el alarma general. En mi indignación resolví perecer antes de despecho o de miseria en el último rincón del globo, que presenciar las violencias del déspota. Huí de la tiranía, no para ir a salvar mi vida, ni esconderla en la obscuridad, sino para exponerla en el campo de batalla, en busca de la gloria y de la libertad. Cartagena, al abrigo de las banderas republicanas, fue elegida para mi asilo. Este pueblo virtuoso defendía por las armas sus derechos contra un ejército opresor que había ya puesto el yugo a casi todo el Estado. Algunos compatriotas nuestros y yo llegamos en el momento del conflicto, cuando ya las tropas españolas se acercaban a la capital y le intimaban rendición. Los esfuerzos de los caraqueños contribuyeron poderosamente a arrojar a los enemigos de todos los puntos. La sed de los combates, el deseo de vindicar los ultrajes de mis compatriotas, me hicieron entonces alistar en aquellos ejércitos, que consiguieron victorias señaladas. Nuevas expediciones se hicieron contra otras provincias. Ya en aquella época, era yo en Cartagena coronel, inspector y consejero, y no obstante pedí servicio en calidad de simple voluntario bajo las órdenes del coronel Labatut que marchaba contra Santa Marta. Yo desprecié grados y distinciones. Aspiraba a un destino más honroso: derramar mi sangre por la libertad de mi patria.

Fue entonces que indignas rivalidades me redujeron a la alternativa más dura. Si obedecía las órdenes del jefe, no me hallaba en ninguna ocasión de combatir: si seguía mi natural impulso, me lisonjeaba de tomar la fortaleza de Tenerife, una de las más inexpugnables que hay en la América meridional. Siendo vanas mis súplicas para obtener de aquel me confiase la dirección de esta empresa, elegí arrostrar todos los peligros y resultados, y emprendí el asalto del fuerte. Sus defensores lo abandonaron a mis armas, que se apoderaron de él sin resistencia, cuando hubieran podido rechazar al mayor ejército. Cinco días marcados con victorias consecutivas terminaron la guerra, y la provincia de Santa Marta fue ocupada después sin obstáculo alguno.

Tan felices sucesos me hicieron obtener del gobierno de la Nueva Granada el mando de una expedición contra la provincia de Cúcuta y Pamplona. Nada pudo detener allí el ímpetu de los soldados que mandaba. Vencieron y despedazaron a los enemigos en dondequiera que los encontraban, y esta provincia fue libertada.

En medio de estos triunfos, ansiaba sólo por aquellos que debieran dar la libertad a Venezuela, constante mira de todos mis conatos.

Las dificultades no podían aterrarme; la magnitud de la empresa excitaba mi ardor. Las cadenas que arrastrabais, los ultrajes que recibíais, inflamaban más mi celo. Mis solicitudes al fin obtuvieron algunos soldados y el permiso de hacer frente al poder de Monteverde. Marché entonces a la cabeza de ellos, y los primeros pasos me hubieran desalentado, si no hubiese preferido vuestra salud a la mía. La deserción fue continua; y mis tropas habían quedado reducidas a muy corto número cuando obtuve los primeros triunfos en territorio de Venezuela.

Ejércitos grandes oprimían la república, y visteis, compatriotas, un puñado de soldados libertadores volar desde la Nueva Granada hasta esta capital, venciéndolo todo, y restituyendo a Mérida, Trujillo, Barinas y Caracas a su primera dignidad política. Esta capital no necesitó de nuestras armas para ser libertada. Su patriotismo sublime no había decaído en un año de cadenas y vejaciones. Las tropas españolas huyeron de un pueblo desarmado cuyo valor temían y cuya venganza merecían. Grande y noble en el seno mismo del oprobio, se ha cubierto de mayor gloria en su nueva regeneración.

Compatriotas, vosotros me honráis con el ilustre título de Libertador.

Los oficiales, los soldados del ejército, ved ahí los libertadores; ved ahí los que reclaman la gratitud nacional. Vosotros conocéis bien a los autores de vuestra restauración: esos valerosos soldados, esos jefes impertérritos: el general Ribas, cuyo valor vivirá siempre en la memoria americana, junto con las jornadas gloriosas de Niquitao y Barquisimeto; el gran Girardot, el joven héroe que hizo aciaga con su perdida la victoria de Bárbula; el mayor general Urdaneta, el más constante y sereno oficial del ejército; el intrépido d'Elhuyar, vencedor de Monteverde en Las Trincheras; el bravo comandante Elías, pacificador del Tuy y libertador de Calabozo; el bizarro coronel Villapol que, desriscado en Vigirima, contuso y desfallecido, no perdió nada de su valor que tanto contribuyó a la victoria de Araure; el coronel Palacios que, en una larga serie de encuentros terribles, soldado esforzado y jefe sereno, ha defendido con firme carácter la libertad de su patria; el mayor Manrique, que dejando a sus soldados tendidos en el campo, se abrió paso por en medio de las filas enemigas con solo sus oficiales Planas, Monagas, Canelón, Luque, Fernández, Buroz y pocos más cuyos nombres no tengo presentes y cuyo ímpetu y arrojo publican Niquitao, Barquisimeto, Bárbula, Las Trincheras y Araure.

Compatriotas, yo no he venido a oprimiros con mis armas vencedoras; he venido a traeros el imperio de las leyes; he venido con el designio de conservaros vuestros sagrados derechos. No es el despotismo militar lo que puede hacer la felicidad de un pueblo, ni el mando que obtengo puede convenir jamás, sino temporariamente, a la república. Un soldado feliz no adquiere ningún derecho para mandar a su patria; no es el árbitro de las leyes ni del Gobierno; es el defensor de su libertad. Sus glorias deben confundirse con las de la república, y su ambición debe quedar satisfecha al hacer la felicidad de su país.

He defendido vigorosamente vuestros intereses en el campo del honor, y os protesto los sostendré hasta el último período de mi vida.

Vuestra dignidad, vuestras glorias serán siempre caras a mi corazón; mas el peso de la autoridad me agobia. Yo os suplico me eximáis de una carga superior a mis fuerzas. Elegid vuestros representantes, vuestros magistrados, un gobierno justo; y contad con que las armas que han salvado la república, protegerán siempre la libertad y la gloria de Venezuela.

Discurso de Bolívar contestando a otros oradores, el 2 de enero de 1814, en Caracas, ante la asamblea reunida ese día en el templo de San Francisco

Los oradores han hablado por el pueblo; el ciudadano Alzuru ha hablado por mí. Sus sentimientos deben elevar todas las almas republicanas.

¡Ciudadanos! En vano os esforzáis por que continúe ilimitadamente en el ejercicio de la autoridad que poseo. Las asambleas populares no pueden reunirse en toda Venezuela sin peligro: lo conozco, compatriotas, y yo me someteré, a mi pesar, a recibir la ley que las circunstancias me dictan, siendo solamente hasta que cese este peligro, el depositario de la autoridad suprema. Pero más allá, ningún poder humano hará que yo empuñe el cetro despótico que la necesidad pone ahora en mis manos. Os protesto no oprimiros con él; y también, que pasará a vuestros representantes en el momento que pueda convocarlos.

No usurparé una autoridad que no me toca. ¡Pueblos! Ninguno puede poseer vuestra soberanía, sino violenta e ilegítimamente.

Huid del país donde uno solo ejerza todos los poderes: es un país de esclavos. Vosotros me tituláis Libertador de la república; yo nunca seré el opresor. Mis sentimientos han estado en la más terrible lucha con mi autoridad. Compatriotas, creedme: este sacrificio me es más doloroso que la pérdida de la vida.

Confieso que ansío impacientemente por el momento de renunciar a la autoridad. Entonces espero que me eximiréis de todo, excepto de combatir por vosotros. Para el supremo poder hay ilustres ciudadanos que, más que yo, merecen vuestros sufragios. El general Mariño, libertador del Oriente; ved ahí un bien digno jefe de dirigir vuestros destinos.

Compatriotas, he hecho todo por la gloria de mi país; permitid que haga algo por la mía. No abandonaré, sin embargo, el timón del Estado, sino cuando la paz reine en la república.

Os suplico no creáis que mi moderación es para alucinaros y para llegar por este medio a la tiranía. Mis protestas, os juro, son las más sinceras. Yo no soy como Syla, que cubrió de luto y de sangre a su patria; pero quiero imitar al dictador de Roma en el desprendimiento con que, abdicando el supremo poder, volvió a la vida privada y se sometió en todo al reino de las leyes. No soy un Pisístrato, que con finas supercherías pretende arrancar vuestros sufragios afectando una pérfida moderación, indigna de un republicano, y más indigna aun de un defensor de la patria. Soy un simple ciudadano que prefiero siempre la libertad, la gloria y la dicha de mis compatriotas, a mi propio engrandecimiento.

Aceptad, pues, las más puras expresiones de mi gratitud por la espontánea aclamación que habéis hecho titulándome vuestro dictador, protestándoos, al separarme de vosotros, que la voluntad general del pueblo será para mí, siempre, la suprema ley, que ella será mi guía en el curso de mi conducta, como el objeto de mis conatos serán vuestra gloria y vuestra libertad.

Invitación a los Gobiernos de Colombia, México, Río de la
Plata. Chile y Guatemala, a formar el Congreso de Panamá
Lima, 7 de diciembre de 1824.
Excmo. Señor

Grande y buen amigo:
Después de quince años de sacrificios consagrados a la libertad de América, por obtener el sistema de garantías que, en
paz y guerra, sea el escudo de nuestro nuevo destino, es tiempo ya de que los intereses y las relaciones que unen entre sí a
las repúblicas americanas, antes colonias españolas, tengan
una base fundamental que eternice, si es posible, la duración
de estos gobiernos.

Entablar aquel sistema y consolidar el poder de este gran
cuerpo político, pertenece al ejercicio de una autoridad sublime, que dirija la política de nuestros gobiernos, cuyo influjo
mantenga la uniformidad de sus principios, y cuyo nombre
solo calme nuestras tempestades. Tan respetable autoridad
no puede existir sino en una asamblea de plenipotenciarios
nombrados por cada una de nuestras repúblicas, y reunidos
bajo los auspicios de la victoria, obtenida por nuestras armas
contra el poder español.

Profundamente penetrado de estas ideas invité en ochocientos veintidós, como presidente de la República de Colombia, a los Gobiernos de México, Perú, Chile y Buenos Aires,
para que formásemos una confederación, y reuniésemos en
el Istmo de Panamá u otro punto elegible a pluralidad, una
asamblea de plenipotenciarios de cada Estado «que nos sir-
viese de consejo en los grandes conflictos, de punto de contacto en los peligros comunes, de fiel intérprete en los trata-

dos públicos cuando ocurran dificultades, y de conciliador, en fin, de nuestras diferencias».

El Gobierno del Perú celebró en 6 de julio de aquel año un tratado de alianza y confederación con el plenipotenciario de Colombia; y por él quedaron ambas partes comprometidas a interponer sus buenos oficios con los gobiernos de la América, antes española, para que entrando todos en el mismo pacto, se verificase la reunión de la asamblea general de los confederados. Igual tratado concluyó en México, a tres de octubre de ochocientos veintitrés, el enviado extraordinario de Colombia a aquel Estado; y hay fuertes razones para esperar que los otros gobiernos se someterán al consejo de sus más altos intereses.

Diferir más tiempo la asamblea general de los plenipotenciarios de las repúblicas que de hecho están ya confederadas, hasta que se verifique la accesión de los demás, sería privarnos de las ventajas que produciría aquella asamblea desde su instalación. Estas ventajas se aumentan prodigiosamente, si se contempla el cuadro que nos ofrece el mundo político, y muy particularmente, el continente europeo.

La reunión de los plenipotenciarios de México, Colombia y el Perú, se retardaría indefinidamente si no se promoviese por una de las mismas partes contratantes; a menos que se aguardase el resultado de una nueva y especial convención sobre el tiempo y lugar relativos a este grande objeto. Al considerar las dificultades y retardos por la distancia que nos separa, unidos a otros motivos solemnes que emanan del interés general, me determino a dar este paso con la mira de promover la reunión inmediata de nuestros plenipotenciarios, mientras los demás gobiernos celebran los preliminares que existen ya entre nosotros, sobre el nombramiento e incorporación de sus representantes.

Con respecto al tiempo de la instalación de la Asamblea, me atrevo a pensar que ninguna dificultad puede oponerse a su realización en el término de seis meses, aun contando el día de la fecha; y también me atrevo a lisonjear de que el ardiente deseo que anima a todos los americanos de exaltar el poder del mundo de Colón, disminuirá las dificultades y demoras que exijan los preparativos ministeriales, y la distancia que media entre las capitales de cada Estado, y el punto central de reunión.

Parece que si el mundo hubiese de elegir su capital, el Istmo de Panamá, sería señalado para este augusto destino, colocado como está en el centro del globo, viendo por una parte el Asia, y por el otro el África y la Europa. El Istmo de Panamá ha sido ofrecido por el Gobierno de Colombia, para este fin, en los tratados existentes. El Istmo está a igual distancia de las extremidades; y por esta causa podría ser el lugar provisorio de la primera asamblea de los confederados.

Difiriendo, por mi parte, a estas consideraciones, me siento con una grande propensión a mandar a Panamá los diputados de esta república, apenas tenga el honor de recibir la ansiada respuesta de esta circular. Nada ciertamente podrá llenar tanto los ardientes votos de mi corazón, como la conformidad que espero de los gobiernos confederados a realizar este augusto acto de la América.

Si V. E. no se digna adherir a él, preveo retardos y perjuicios inmensos a tiempo que el movimiento del mundo lo acelera todo, pudiendo también acelerarlo en nuestro daño.

Tenidas las primeras conferencias entre los plenipotenciarios, la residencia de la Asamblea, como sus atribuciones, pueden determinarse de un modo solemne por la pluralidad, y entonces todo se habrá alcanzado.

El día que nuestros plenipotenciarios hagan el canje de sus poderes, se fijará en la historia diplomática de América una época inmortal. Cuando, después de cien siglos, la posteridad busque el origen de nuestro derecho público, y recuerden los pactos que consolidaron su destino, registrarán con respeto los protocolos del Istmo. En él, encontrarán el plan de las primeras alianzas, que trazará la marcha de nuestras relaciones con el universo. ¿Qué será entonces el Istmo de Corinto comparado con el de Panamá?

Dios guarde a V. E.

Vuestro grande y buen amigo.

Bolívar

El Ministro de Gobierno y Relaciones Exteriores,

José Sánchez Carrión

Brigadier de la Unión, general en jefe del Ejército del norte, libertador de Venezuela

A sus conciudadanos:

Venezolanos:
Un ejército de hermanos, enviado por el soberano Congreso de la Nueva Granada, ha venido a libertaros, y ya lo tenéis en medio de vosotros, después de haber expulsado a los opresores de las provincias de Mérida y Trujillo.

Nosotros somos enviados a destruir a los españoles, a proteger a los americanos, y a restablecer los gobiernos republicanos que formaban la Confederación de Venezuela. Los Estados que cubren nuestras armas, están regidos nuevamente por sus antiguas constituciones y magistrados, gozando plenamente de su libertad e independencia; porque nuestra misión solo se dirige a romper las cadenas de la servidumbre, que agobian todavía a algunos de nuestros pueblos, sin pretender dar leyes, ni ejercer actos de dominio, a que el derecho de la guerra podría autorizarnos.

Tocado de vuestros infortunios, no hemos podido ver con indiferencia las aflicciones que os hacían experimentar los bárbaros españoles, que os han aniquilado con la rapiña, y os han destruido con la muerte; que han violado los derechos sagrados de las gentes; que han infringido las capitulaciones y los tratados más solemnes; y, en fin, han cometido todos los crímenes, reduciendo la República de Venezuela a la más espantosa desolación. Así pues, la justicia exige la vindicta, y la necesidad nos obliga a tomarla. Que desaparezcan para siempre del suelo colombiano los monstruos que lo infestan y han cubierto de sangre; que su escarmiento sea igual a la enormidad de su perfidia, para lavar de este modo la mancha de nuestra ignominia, y mostrar a las naciones del universo, que no se ofende impunemente a los hijos de América.

A pesar de nuestros justos resentimientos contra los inicuos españoles, nuestro magnánimo corazón se digna, aún, abrirles por la última vez una vía a la conciliación y a la amistad; todavía se les invita a vivir pacíficamente entre nosotros, si detestando sus crímenes, y convirtiéndose de buena fe, cooperan con nosotros a la destrucción del gobierno intruso de España, y al restablecimiento de la República de Venezuela.

Todo español que no conspire contra la tiranía en favor de la justa causa, por los medios más activos y eficaces, será tenido por enemigo, y castigado como traidor a la patria y, por consecuencia, será irremisiblemente pasado por las armas. Por el contrario, se concede un indulto general y absoluto a los que pasen a nuestro ejército con sus armas o sin ellas; a los que presten sus auxilios a los buenos ciudadanos que se están esforzando por sacudir el yugo de la tiranía. Se conservarán en sus empleos y destinos a los oficiales de guerra, y magistrados civiles que proclamen el Gobierno de Venezuela, y se unan a nosotros; en una palabra, los españoles que hagan señalados servicios al Estado, serán reputados y tratados como americanos.

Y vosotros, americanos, que el error o la perfidia os ha extraviado de las sendas de la justicia, sabed que vuestros hermanos os perdonan y lamentan sinceramente vuestros descarríos, en la íntima persuasión de que vosotros no podéis ser culpables, y que solo la ceguedad e ignorancia en que os han tenido hasta el presente los autores de vuestros crímenes, han podido induciros a ellos. No temáis la espada que viene a vengaros y a cortar los lazos ignominiosos con que os ligan a su suerte vuestros verdugos. Contad con una inmunidad absoluta en vuestro honor, vida y propiedades; el solo título de americanos será vuestra garantía y salvaguardia. Nuestras armas han venido a protegeros, y no se emplearán jamás contra uno solo de nuestros hermanos.

Esta amnistía se extiende hasta a los mismos traidores que más recientemente hayan cometido actos de felonía; y será tan religiosamente cumplida, que ninguna razón, causa, o pretexto será suficiente para obligarnos a quebrantar nuestra oferta, por grandes y extraordinarios que sean los motivos que nos deis pare excitar nuestra animadversión.

Españoles y Canarios, contad con la muerte, aun siendo indiferentes, si no obráis activamente en obsequio de la libertad de América. Americanos, contad con la vida, aun cuando seáis culpables.

Cuartel General de Trujillo, 15 de junio de 1813.-3°.
Simón Bolívar

Es copia.
Pedro Briceño Méndez,
Secretario.
Imprenta de Juan Baillio. Caracas.

Gaceta de Colombia, n° 9, 4 de octubre de 1821
discurso pronunciado ante el congreso de Colombia, en la
Villa del Rosario de Cúcuta el 3 de octubre de 1821

Señor:

El juramento que acabo de prestar en calidad de presidente de Colombia es para mí un pacto de conciencia que multiplica mis deberes de sumisión a la ley y a la patria. Solo un profundo respeto por la voluntad soberana me obligaría a someterme al formidable peso de la suprema magistratura. La gratitud que debo a los representantes del pueblo, me impone además la agradable obligación de continuar mis servicios por defender, con mis bienes, con mi sangre y aun con mi honor, esta constitución que encierra los derechos de los pueblos hermanos, ligados por la libertad, por el bien y por la gloria. La constitución de Colombia será junto con la independencia la ara santa, en la cual haré los sacrificios. Por ella marcharé a las extremidades de Colombia a romper las cadenas de los hijos del Ecuador, a convidarlos con Colombia, después de hacerlos libres.

Señor, espero que me autoricéis para unir con los vínculos de la beneficencia a los pueblos que la naturaleza y el cielo nos han dado por hermanos. Completada esta obra de vuestra sabiduría y de mi celo, nada más que la paz nos puede faltar para dar a Colombia todo, dicha, reposo y gloria. Entonces, Señor, yo ruego ardientemente, no os mostréis sordo al clamor de mi conciencia y de mi honor que me piden a grandes gritos que no sea más que ciudadano. Yo siento la necesidad de dejar el primer puesto de la República, al que el pueblo señale como al jefe de su corazón. Yo soy el hijo de la guerra; el hombre que los combates han elevado a la magistratura: la fortuna me ha sostenido en este rango y la victoria lo ha confirmado. Pero no son éstos los títulos consagrados por la justicia, por la dicha, y por la voluntad nacional. La espada que ha gobernado a Colombia no es la balanza de Astrea, es un azote del genio del mal que algunas veces el cielo deja caer a la tierra para el castigo de los tiranos y escarmiento de los pueblos. Esta espada no puede servir de nada el día de paz, y éste debe ser el último de mi poder; porque así lo he jurado para mí, porque lo he prometido a Colombia, y porque no puede haber república donde el pueblo no está seguro del ejercicio de sus propias facultades. Un hombre como yo, es un ciudadano peligroso en un Gobierno popular; es una amenaza inmediata a la soberanía nacional. Yo quiero ser ciudadano, para ser libre y para que todos lo sean. Prefiero el título de ciudadano al de Libertador, porque éste emana de la guerra, aquél emana de las leyes. Cambiadme, Señor, todos mis dictados por el de buen ciudadano.

Blanco y Azpúrua, iii, 138
discurso pronunciado en la Sociedad patriótica
de Caracas, el 4 de julio de 1811

No es que hay dos Congresos. ¿Cómo fomentarán el cisma los que más conocen la necesidad de la unión? Lo que queremos es que esa unión sea efectiva y para animarnos a la gloriosa empresa de nuestra libertad; unirnos para reposar, y para dormir en los brazos de la apatía, ayer fue una mengua, hoy es una traición. Se discute en el Congreso Nacional lo que debiera estar decidido. ¿Y qué dicen? Que debemos comenzar por una declaración, como si todos no estuviésemos confederados contra la tiranía extranjera. Que debemos atender a los resultados de la política de España. ¿Qué nos importa que España venda a Bonaparte sus esclavos o que los conserve, si estamos resueltos a ser libres? Esas dudas son tristes efectos de las antiguas cadenas. ¡Que los grandes proyectos deben prepararse en calma! Trescientos años de calma, ¿no bastan? La Junta Patriótica respeta, como debe, al Congreso de la nación, pero el Congreso debe oír a la Junta Patriótica, centro de luces y de todos los intereses revolucionarios. Pongamos sin temor la piedra fundamental de la libertad suramericana: vacilar es perdernos.

Propongo que una comisión del seno de este cuerpo lleve al soberano Congreso estos sentimientos.

Manifiesto de Carúpano
libertador de Venezuela y general en jefe de sus ejércitos

A sus conciudadanos.

Ciudadanos:

Infeliz del magistrado que autor de las calamidades o de los crímenes de su Patria se ve forzado a defenderse ante el tribunal del pueblo de las acusaciones que sus conciudadanos dirigen contra su conducta; pero es dichosísimo aquél que corriendo por entre los escollos de la guerra, de la política y de las desgracias públicas, preserva su honor intacto y se presenta inocente a exigir de sus propios compañeros de infortunio una recta decisión sobre su inculpabilidad.

Yo he sido elegido por la suerte de las armas para quebrantar vuestras cadenas, como también he sido, digámoslo así, el instrumento de que se ha valido la providencia para colmar la medida de vuestras aflicciones. Sí, yo os he traído la paz y la libertad, pero en pos de estos inestimables bienes han venido conmigo la guerra y la esclavitud. La victoria conducida por la justicia fue siempre nuestra guía hasta las ruinas de la ilustre capital de Caracas, que arrancamos de manos de sus opresores. Los guerreros granadinos no marchitaron jamás sus laureles mientras combatieron contra los dominadores de Venezuela, y los soldados caraqueños fueron coronados con igual fortuna contra los fieros españoles que intentaron de nuevo subyugarnos. Si el destino inconstante hizo alternar la victoria entre los enemigos y nosotros, fue solo en favor de pueblos americanos que una inconcebible demencia hizo tomar las armas para destruir a sus libertadores y restituir el cetro a sus tiranos. Así, parece que el cielo para nuestra humillación y nuestra gloria ha permitido que nuestros vencedores sean nuestros hermanos y que nuestros hermanos únicamente triunfen de nosotros. El ejército libertador exterminó las bandas enemigas, pero no ha podido exterminar unos pueblos por cuya dicha ha lidiado en centenares de combates. No es justo destruir los hombres que no quieren ser libres, ni es libertad la que se goza bajo el imperio de las armas contra la opinión de seres fanáticos cuya depravación de espíritu les hace amar las cadenas como los vínculos sociales.

No os lamentéis, pues, sino de vuestros compatriotas que instigados por los furores de la discordia os han sumergido en ese piélago de calamidades, cuyo aspecto solo hace estremecer a la naturaleza, y que sería tan horroroso como imposible pintaros. Vuestros hermanos y no los españoles han desgarrado vuestro seno, derramando vuestra sangre, incendiando vuestros hogares, y os han condenado a la expatriación. Vuestros clamores deben dirigirse contra esos ciegos esclavos que pretenden ligaros a las cadenas que ellos mismos arrastran; y no os indignéis contra los mártires que fervorosos defensores de vuestra libertad han prodigado su sangre en todos los campos, han arrostrado todos los peligros, y se han olvidado de sí mismos para salvaros de la muerte o de la ignominia. Sed justos en vuestro dolor, como es justa la causa que lo produce. Que vuestros tormentos no os enajenen, ciudadanos, hasta el punto de considerar a vuestros protectores y amigos como cómplices de crímenes imaginarios, de intención, o de omisión. Los directores de vuestros destinos no menos que sus cooperadores, no han tenido otro designio que el de adquirir una perpetua felicidad para vosotros, que fuese para ellos una gloria inmortal. Mas, si los sucesos no han correspondido a sus miras, y si desastres sin ejemplo han frustrado empresa tan laudable, no ha sido por efecto de ineptitud o cobardía; ha sido, sí, la inevitable consecuencia de un proyecto agigantado, superior a todas las fuerzas humanas. La destrucción de un gobierno, cuyo origen se pierde en la oscuridad de los tiempos; la subversión de principios establecidos; la mutación de costumbres; el trastorno de la opinión, y el establecimiento en fin de la libertad en un país de esclavos, es una obra tan imposible de ejecutar súbitamente, que está fuera del alcance de todo poder humano; por manera que nuestra excusa de no haber obtenido lo que hemos deseado, es inherente a la causa que seguimos, porque así como la justicia justifica la audacia de haberla emprendido, la imposibilidad de su adquisición califica la insuficiencia de los medios. Es laudable, es noble y sublime, vindicar la naturaleza ultrajada por la tiranía; nada es comparable a la grandeza de este acto y aun cuando la desolación y la muerte sean el premio de tan glorioso intento, no hay razón para condenarlo, porque no es lo asequible lo que se debe hacer, sino aquello que el derecho nos autoriza.

En vano, esfuerzos inauditos han logrado innumerables victorias, compradas al caro precio de la sangre de nuestros heroicos soldados. Un corto número de sucesos por parte de nuestros contrarios, ha desplomado el edificio de nuestra gloria, estando la masa de los pueblos descarriada por el fanatismo religioso, y seducida por el incentivo de la anarquía devoradora. A la antorcha de la libertad, que nosotros hemos presentado a la América como la guía y el objeto de nuestros conatos, han opuesto nuestros enemigos la hacha incendiaria de la discordia, de la devastación y el grande estímulo de la usurpación de los honores y de la fortuna a hombres envilecidos por el yugo de la servidumbre y embrutecidos por la doctrina de la superstición: ¿Cómo podría preponderar la simple teoría de la filosofía política sin otros apoyos que la verdad y la naturaleza, contra el vicio armado con el desenfreno de la licencia, sin más límites que su alcance y convertido de repente por un prestigio religioso en virtud política y en caridad cristiana? No, no son los hombres vulgares los que pueden calcular el eminente valor del reino de la libertad, para que lo prefieran a la ciega ambición y a la vil codicia. De la decisión de esta importante cuestión ha dependido nuestra suerte; ella estaba en manos de nuestros compatriotas que pervertidos han fallado contra nosotros; de resto todo lo demás ha sido consiguiente a una determinación más deshonrosa que fatal, y que debe ser más lamentable por su esencia que por sus resultados.

Es una estupidez maligna atribuir a los hombres públicos las vicisitudes que el orden de las cosas produce en los Estados, no estando en la esfera de las facultades de un general o magistrado contener en un momento de turbulencia, de choque, y de divergencia de opiniones el torrente de las pasiones humanas, que agitadas por el movimiento de las revoluciones se aumentan en razón de la fuerza que las resiste. Y aun cuando graves errores o pasiones violentas en los jefes causen frecuentes perjuicios a la República estos mismos perjuicios deben, sin embargo, apreciarse con equidad y buscar su origen en las causas primitivas de todos los infortunios: la fragilidad de nuestra especie, y el imperio de la suerte en todos los acontecimientos. El hombre es el débil juguete de la fortuna, sobre la cual suele calcular con fundamento muchas veces, sin poder contar con ella jamás, porque nuestra esfera no está en contacto con la suya de un orden muy superior a la nuestra. Pretender que la política y la guerra marchen al grado de nuestros proyectos, obrando a tientas con solo la pureza de nuestras intenciones, y auxiliados por los limitados medios que están a nuestro arbitrio, es querer lograr los efectos de un poder divino por resortes humanos.

Yo, muy distante de tener la loca presunción de conceptuarme inculpable de la catástrofe de mi patria, sufro al contrario, el profundo pesar de creerme el instrumento infausto de sus espantosas miserias; pero soy inocente porque mi conciencia no ha participado nunca del error voluntario o de la malicia, aunque por otra parte haya obrado mal y sin acierto. La convicción de mi inocencia me la persuade mi corazón, y este testimonio es para mí el más auténtico, bien que parezca un orgulloso delirio. He aquí la causa porque desdeñando responder a cada una de las acusaciones que de buena o mala fe se me puedan hacer, reservo este acto de justicia, que mi propia vindicta exige, para ejecutarlo ante un tribunal de sabios, que juzgarán con rectitud y ciencia de mi conducta en mi misión a Venezuela. Del Supremo Congreso de la Nueva Granada hablo, de este augusto cuerpo que me ha enviado con sus tropas a auxiliarlos como lo han hecho heroicamente hasta expirar todas en el campo del honor. Es justo y necesario que mi vida pública se examine con esmero, y se juzgue con imparcialidad. Es justo y necesario que yo satisfaga a quienes haya ofendido, y que se me indemnice de los cargos erróneos a que no he sido acreedor. Este gran juicio debe ser pronunciado por el soberano a quien he servido; yo os aseguro que será tan solemne cuanto sea posible, y que mis hechos serán comprobados por documentos irrefragables. Entonces sabréis si he sido indigno de vuestra confianza, o si merezco el nombre de Libertador. Yo os juro, amados compatriotas, que este augusto título que vuestra gratitud me tributó cuando os vine a arrancar las cadenas, no será vano. Yo os juro que libertador o muerto, mereceré siempre el honor que me habéis hecho, sin que haya potestad humana sobre la tierra que detenga el curso que me he propuesto seguir hasta volver segundamente a libertaros, por la senda del occidente, regada con tanta sangre y adornada de tantos laureles. Esperad, compatriotas, al noble, al virtuoso pueble granadino que volará ansioso de recoger nuevos trofeos, a prestaros nuevos auxilios, y a traeros de nueva la libertad, si antes vuestro valor no la adquiere. Sí, sí, vuestras virtudes solas son capaces de combatir con suceso contra esa multitud de frenéticos que desconocen su propio interés y honor; pues jamás la libertad ha sido subyugada por la tiranía. No comparéis vuestras fuerzas físicas con las enemigas, porque no es comparable el espíritu con la materia. Vosotros sois hombres, ellos son bestias, vosotros sois libres, ellos esclavos. Combatid, pues, y venceréis. Dios concede la victoria a la constancia.

Carúpano, 7 de septiembre de 1814. 4°.

Bolívar

Gaceta de Colombia. N° 449, 24 de enero de 1830
mensaje al Congreso constituyente de la República
de Colombia en 1830

¡Conciudadanos!
Séame permitido felicitaros por la reunión del Congreso, que
a nombre de la nación va a desempeñar los sublimes deberes
de legislador. Ardua y grande es la obra de constituir un pueblo que sale de la opresión por medio de la anarquía y de la
guerra civil, sin estar preparado previamente para recibir la
saludable reforma a que aspiraba. Pero las lecciones de la historia, los ejemplos del viejo y nuevo mundo, la experiencia de
veinte años de revolución, han de serviros como otros tantos
fanales colocados en medio de las tinieblas de lo futuro; y yo
me lisonjeo de que vuestra sabiduría se elevará hasta el punto
de poder dominar con fortaleza las pasiones de algunos, y
la ignorancia de la multitud; consultando, cuanto es debido,
a la razón ilustrada de los hombres sensatos, cuyos votos
respetables son precioso auxilio para resolver las cuestiones
de alta política. Por lo demás hallaréis también consejos importantes que seguir en la naturaleza misma de nuestro país,
que comprende las regiones elevadas de los Andes y la abra-
sadas riberas del Orinoco: examinadle en toda su extensión,
y aprenderéis en él, de la infalible maestra de los hombres, lo
que ha de dictar el congreso para la felicidad de los colombianos. Mucho os dirá nuestra historia, y mucho nuestras
necesidades: pero todavía serán más persuasivos los gritos de
nuestros dolores por falta de reposo y libertad segura.

¡Dichoso el Congreso si proporciona a Colombia el goce
de estos bienes supremos por los cuales merecerá las más puras bendiciones!

Convocado el Congreso para componer el código fundamental que rija a la República, y para nombrar los altos funcionarios que la administren, es de la obligación del gobierno instruiros de los conocimientos que poseen los respectivos ministerios de la situación presente del Estado, para que podáis estatuir de un modo análogo a la naturaleza de las cosas. Toca al presidente de los Consejos de Estado y Ministerial manifestaros sus trabajos durante los últimos dieciocho meses: si ellos no han correspondido a las esperanzas que debimos prometernos, han superado al menos los obstáculos que oponían a la marcha de la administración las circunstancias turbulentas de guerra exterior y convulsiones intestinas; males que, gracias a la Divina Providencia, han calmado a beneficio de la clemencia y de la paz.

Prestad vuestra soberana atención al origen y progreso de estos trastornos.

Las turbaciones que desgraciadamente ocurrieron en 1826 me obligaron a venir del Perú, no obstante que estaba resuelto a no admitir la primera magistratura constitucional para que había sido reelegido durante mi ausencia. Llamado con instancia para restablecer la concordia y evitar la guerra civil, yo no pude rehusar mis servicios a la patria, de quien recibía aquella nueva honra y pruebas nada equívocas de confianza.

La representación nacional entró a considerar las causas de discordias que agitaban los ánimos, y convencida de que subsistían, y de que debían adoptarse medidas radicales, se sometió a la necesidad de anticipar la reunión de la gran convención. Se instaló este cuerpo en medio de la exaltación de los partidos; y por lo mismo se disolvió, sin que los miembros que le componían hubiesen podido acordarse en las reformas que meditaban. Viéndose amenazada la República habría sido despedazada por las manos de sus propios ciudadanos. Ella quiso honrarme con su confianza, confianza que debí respetar como la más sagrada Ley. ¿Cuando la patria iba a perecer, podría yo vacilar?

Las leyes, que habían sido violadas con el estrépito de las armas y con las disensiones de los pueblos, carecían de fuerza. Ya el cuerpo legislativo había decretado, conociendo la necesidad, que se reuniese la asamblea que podía reformar la constitución, y ya, en fin, la convención había declarado unánimemente que la reforma era urgentísima. Tan solemne declaratoria, unida a los antecedentes, dio un fallo formal contra el pacto político de Colombia. En la opinión, y de hecho, la constitución del año 11° dejó de existir.

Horrible era la situación de la patria, y más horrible la mía, porque me puso a discreción de los juicios y de las sospechas. No me detuvo sin embargo el menoscabo de una reputación adquirida en una larga serie de servicios, en que han sido necesarios, y frecuentes, sacrificios semejantes.

El decreto orgánico que expedí en 27 de agosto de 28 debió convencer a todos de que mi más ardiente deseo era el de descargarme del peso insoportable de una autoridad sin límites, y de que la República volviese a constituirse por medio de sus representantes. Pero apenas había empezado a ejercer las funciones de jefe supremo, cuando los elementos contrarios se desarrollaron con la violencia de las pasiones y la ferocidad de los crímenes. Se atentó contra mi vida; se encendió la guerra civil; se animó con este ejemplo, y por otros medios, al gobierno del Perú para que invadiese nuestros departamentos del Sur, con miras de conquista y usurpación. No me fundo, conciudadanos, en simples conjeturas: los hechos, y los documentos que lo acreditan, son auténticos. La guerra se hizo inevitable. El ejército del general La Mar es derrotado en Tarqui del modo más espléndido y glorioso para nuestras armas; y sus reliquias se salvan por la generosidad de los vencedores. No obstante la magnanimidad de los colombianos, el general La Mar rompe de nuevo la guerra hollando los tratados; y abre por su parte las hostilidades: mientras tanto yo respondo convidándole otra vez con la paz; pero él nos calumnia, nos ultraja con denuestos. El departamento de Guayaquil es la víctima de sus extravagantes pretensiones.

Privados nosotros de marina militar, atajados por las inundaciones del invierno y por otros obstáculos, tuvimos que esperar la estación favorable para recuperar la plaza. En este intermedio un juicio nacional, según la expresión del Jefe Supremo del Perú, vindicó nuestra conducta y libró a nuestros enemigos del general La Mar.

Mudado así el aspecto político de aquella república, se nos facilitó la vía de las negociaciones, y por un armisticio recuperamos a Guayaquil. Por fin el 22 de septiembre se celebró el tratado de paz, que puso término a una guerra en que Colombia defendió sus derechos y su dignidad.

Me congratulo con el Congreso y con la nación por el resultado satisfactorio de los negocios del Sur, tanto por la conclusión de la guerra como por las muestras nada equívocas de benevolencia que hemos recibido del gobierno peruano, confesando noblemente que fuimos provocados a la guerra con miras depravadas. Ningún gobierno ha satisfecho a otro como el de Perú al nuestro, por cuyo magnanimidad es acreedor a la estimación más perfecta de nuestra parte.

¡Conciudadanos! Si la paz se ha concluido con aquella moderación que era de esperarse entre pueblos hermanos, que no debieron disparar sus armas consagradas a la libertad y a la mutua conservación; hemos usado también de lenidad con los desgraciados pueblos del Sur que se dejaron arrastrar a la guerra civil o fueron seducidos por los enemigos. Me es grato deciros que, para terminar las disensiones domésticas, ni una sola gota de sangre ha empañado la vindicta de las leyes; y aunque un valiente general y sus secuaces han caído en el campo de la muerte, su castigo les vino de la mano del Altísimo, cuando de la nuestra habrían alcanzado la clemencia con que hemos tratado a los que han sobrevivido. Todos gozan de libertad a pesar de sus extravíos.

Demasiado ha sufrido la patria con estos sacudimientos, que siempre recordaremos con dolor; y si algo puede mitigar nuestra aflicción, es el consuelo que tenemos de que ninguna parte se nos puede atribuir en su origen, y el haber sido tan generosos con nuestros adversarios cuando dependía de nuestras facultades. Nos duele ciertamente el sacrificio de algunos delincuentes en el altar de la justicia; y aunque el parricidio no merece indulgencia, muchos de ellos la recibieron, sin embargo, de mis manos, y quizás los más crueles.

Sírvanos de ejemplo este cuadro de horror que por desgracia mía he debido mostraros, sírvanos para el porvenir como aquellos formidables golpes que la Providencia suele darnos en el curso de la vida para nuestra corrección. Corresponde al congreso coger dulces frutos de este árbol de amargura o a lo menos alejarse de su sombra venenosa.

Si no me hubiera cabido la honrosa ventura de llamaros a representar los derechos del pueblo, para que, conforme a los deseos de vuestros comitentes, creaseis o mejoraseis nuestras instituciones, sería este el lugar de manifestaros el producto de veinte años consagrados al servicio de la patria. Mas yo no debo ni siquiera indicaros lo que todos los ciudadanos tienen derecho de pediros. Todos pueden, y están obligados, a someter sus opiniones, sus temores y deseos a los que hemos constituido para curar la sociedad enferma de turbación y flaqueza. Solo yo estoy privado de ejercer esta función cívica, porque habiéndoos convocado y señalado vuestras atribuciones, no me es permitido influir de modo alguno en vuestros consejos. Además de que sería importuno repetir a los escogidos del pueblo lo que Colombia publica con caracteres de sangre. Mi único deber se reduce a someterme sin restricción el que la voluntad de los pueblos sea proclamada, respetada y cumplida por sus delegados.

Con este objeto dispuse lo conveniente para que pudiesen todos los pueblos manifestar sus opiniones con plena libertad y seguridad, sin otros límites que los que debían prescribir el orden y la moderación. Así se ha verificado, y vosotros encontraréis en las peticiones que se someterán a vuestra consideración la expresión ingenua de los deseos populares. Todas las provincias aguardan vuestras resoluciones; en todas partes las reuniones que se han tenido con esta mira han sido presididas por la regularidad y el respeto a la autoridad del gobierno y del congreso constituyente. Solo tenemos que lamentar el exceso de la junta de Caracas de que igualmente debe juzgar vuestra prudencia y sabiduría.

Temo con algún fundamento que se dude de mi sinceridad al hablaros del magistrado que haya de presidir la República. Pero el Congreso debe persuadirse que su honor se opone a que piense en mí para este nombramiento, y el mío a que yo lo acepte. ¿Haríais por ventura refluir esta preciosa facultad sobre el mismo que os la ha señalado? ¿Osaréis sin mengua de vuestra reputación concederme vuestros sufragios? ¿No sería esto nombrarme yo mismo? Lejos de vosotros y de mí un acto tan innoble.

Obligados, como estáis, a constituir el gobierno de la República, dentro y fuera de vuestro seno hallaréis ilustres ciudadanos que desempeñen la presidencia del Estado con gloria y ventajas. Todos, todos mis conciudadanos gozan de la fortuna inestimable de parecer inocentes a los ojos de la sospecha, solo yo estoy tildado de aspirar a la tiranía.

Libradme, os ruego, del baldón que me espera si continúo ocupando un destino que nunca podrá alejar de sí el vituperio de la ambición. Creedme: un nuevo magistrado es ya indispensable para la República. El pueblo quiere saber si dejaré alguna vez de mandarlo. Los Estados americanos me consideran con cierta inquietud, que puede atraer algún día a Colombia males semejantes a los de la guerra del Perú. En Europa mismo no faltan quienes teman que yo desacredite con mi conducta la hermosa causa de la libertad. ¡Ah! cuántas conspiraciones y guerras no hemos sufrido por atentar a mi autoridad y a mi persona! Estos golpes han hecho padecer a los pueblos, cuyos sacrificios se habrían ahorrado, si desde el principio los legisladores de Colombia no me hubiesen forzado a sobrellevar una carga que me ha abrumado más que la guerra y todos sus azotes.

Mostraos, conciudadanos, dignos de representar un pueblo libre, alejando toda idea que me suponga necesario para la República. Si un hombre fuese necesario para sostener el Estado, este Estado no debería existir, y al fin no existiría.

El magistrado que escojáis será sin duda un iris de concordia doméstica, un lazo de fraternidad, un consuelo para los partidos abatidos. Todos los colombianos se acercarán alrededor de este mortal afortunado: él los estrechará en los brazos de la amistad, formará de ellos una familia de ciudadanos. Yo obedeceré con el respeto más cordial a este magistrado legítimo; lo seguiré cual ángel de paz; lo sostendré con mi espada y con todas mis fuerzas. Todo añadirá energía, respeto y sumisión a vuestro escogido. Yo lo juro, legisladores, yo lo prometo a nombre del pueblo y del ejército colombiano. La República será feliz, si al admitir mi renuncia nombráis de presidente a un ciudadano querido de la nación: ella sucumbiría si os obstinaseis en que yo la mandara. Oíd mis súplicas: salvad la República: salvad mi gloria que es de Colombia.

Disponed de la presidencia que respetuosamente abdico en vuestras manos. Desde hoy no soy más que un ciudadano armado para defender la patria y obedecer al gobierno; cesaron mis funciones públicas para siempre. Os hago formal y solemne entrega de la autoridad suprema que los sufragios nacionales me habían conferido.

Pertenecéis a todas las provincias; sois sus más selectos ciudadanos; habéis servido en todos los destinos públicos; conocéis los intereses locales y generales; de nada carecéis para regenerar esta República desfalleciente en todos los ramos de su administración.

Permitiréis que mi último acto sea recomendaros que protejáis la religión santa que profesamos, fuente profusa de las bendiciones del cielo. La hacienda nacional llama vuestra atención, especialmente en el sistema de percepción. La deuda pública, que es el cangro de Colombia, reclama de vosotros sus más sagrados derechos. El ejército, que infinitos títulos tiene a la gratitud nacional, ha menester una organización radical. La justicia pide códigos capaces de defender los derechos y la inocencia de hombres libres. Todo es necesario crearlo, y vosotros debéis poner el fundamento de prosperidad al establecer las bases generales de nuestra organización política.

¡Conciudadanos! Me ruborizo al decirlo: la independencia es el único bien que hemos adquirido a costa de los demás. Pero ella nos abre la puerta para reconquistarlos bajo vuestros soberanos auspicios, con todo el esplendor de la gloria y de la libertad.

Bogotá, enero 20 de 1830.
Simón Bolívar

Discurso del libertador
al Congreso constituyente de Bolivia

¡Legisladores! Al ofreceros el Proyecto de Constitución para Bolivia, me siento sobrecogido de confusión y timidez, porque estoy persuadido de mi incapacidad para hacer leyes. Cuando yo considero que la sabiduría de todos los siglos no es suficiente para componer una ley fundamental que sea perfecta, y que el más esclarecido legislador es la causa inmediata de la infelicidad humana, y la burla, por decir lo así, de su ministerio divino ¿qué deberé deciros del soldado que, nacido entre esclavos y sepultado en los desiertos de su patria, no ha visto más que cautivos con cadenas, y compañeros con armas para romperlas? ¡Yo legislador...! Vuestro engaño y mi compromiso se disputan la preferencia: no sé quién padezca más en este horrible conflicto; si vosotros por los males que debéis temer de las leyes que me habéis pedido, o yo del oprobio a que me condenáis por vuestra confianza.

He recogido todas mis fuerzas para exponeros mis opiniones sobre el modo de manejar hombres libres, por los principios adoptados entre los pueblos cultos; aunque las lecciones de la experiencia solo muestran largos períodos de desastres, interrumpidos por relámpagos de ventura. ¿Qué guías podremos seguir a la sombra de tan tenebroso ejemplos?

¡Legisladores! Vuestro deber os llama a resistir el choque de dos monstruosos enemigos que recíprocamente se combaten, y ambos os atacarán a la vez: la tiranía y la anarquía forman un inmenso océano de opresión, que rodea a una pequeña isla de libertad, embatida perpetuamente por la violencia de las olas y de los huracanes, que la arrastran sin cesar a sumergirla. Mirad el mar que vais a surcar con una frágil barca, cuyo piloto es tan inexperto.

El Proyecto de Constitución para Bolivia está dividido en cuatro Poderes Políticos, habiendo añadido uno más, sin complicar por esto la división clásica de cada uno de los otros. El Electoral ha recibido facultades que no le estaban señaladas en otros Gobiernos que se estiman entre los más liberales. Estas atribuciones se acercan en gran manera a las del sistema federal. Me ha parecido no solo conveniente y útil, sino también fácil, conceder a los Representantes inmediatos del pueblo los privilegios que más pueden desear los ciudadanos de cada Departamento, Provincia y Cantón. Ningún objeto es más importante a un ciudadano que la elección de sus legisladores, magistrados, jueces y pastores. Los Colegios Electorales de cada Provincia representan las necesidades y los intereses de ellas y sirven para quejarse de las infracciones de las leyes, y de los abusos de los magistrados. Me atrevería a decir con alguna exactitud que esta representación participa de los derechos de que gozan los gobiernos particulares de los Estados federados. De este modo se ha puesto nuevo peso a la balanza contra el Ejecutivo; y el Gobierno ha adquirido más garantías, más popularidad, y nuevos títulos, para que sobresalga entre los más democráticos.

Cada diez ciudadanos nombran un Elector; y así se encuentra la nación representada por el décimo de sus ciudadanos. No se exigen sino capacidades, ni se necesita de poseer bienes, para representar la augusta función del Soberano; mas debe saber escribir sus votaciones, firmar su nombre, y leer las leyes. Ha de profesar una ciencia, o un arte que le asegure un alimento honesto. No se le ponen otras exclusiones que las del crimen, de la ociosidad, y de la ignorancia absoluta. Saber y honradez, no dinero, es lo requiere el ejercicio del Poder Público.

El Cuerpo Legislativo tiene una composición que lo hace necesariamente armonioso entre sus partes: no se hallará siempre dividido por falta de un juez árbitro, como sucede donde no hay más que dos Cámaras. Habiendo aquí tres, la discordia entre dos queda resuelta por la tercera; y la cuestión examinada por dos partes contendientes, y un imparcial que la juzga: de este modo ninguna ley útil queda sin efecto, o por lo menos, habrá sido vista una, dos y tres veces, antes de sufrir la negativa. En todos los negocios entre dos contrarios se nombra un tercero para decidir, y ¿no sería absurdo que en los intereses más arduos de la sociedad se desdeñara esta providencia dictada por una necesidad imperiosa? Así las Cámaras guardarán entre sí aquellas consideraciones que son indispensables para conservar la unión del todo, que debe deliberar en el silencio de las pasiones y con la cama de la sabiduría. Los Congresos modernos, me dirán, se han compuesto de solas dos secciones. Es porque en Inglaterra, que han servido de modelo, la nobleza y el pueblo debían representarse en dos Cámaras; y si en Norte América se hizo lo mismo sin haber nobleza, puedo suponerse que la costumbre de estar bajo el Gobierno inglés, le inspiró esta imitación. El hecho es, que dos cuerpos deliberantes deben combatir perpetuamente; y por esto Sieyes no quería más que uno. Clásico absurdo.

La primera Cámara es de Tribunos, y goza de la atribución de iniciar las leyes relativas a Hacienda, Paz y Guerra. Ella tiene la inspección inmediata de los ramos que el Ejecutivo administra con menos intervención del Legislativo.

Los Senadores forman las Códigos y Reglamentos eclesiásticos, y velan sobre los Tribunales y el Culto. Toca al Senado escoger los prefectos, los jueces del distrito, gobernadores, corregidores, y todos los subalternos del Departamento de Justicia. Propone a la Cámara de censores los miembros del Tribunal Supremo, los arzobispos, obispos, dignidades y canónigos. Es del resorte del Senado, cuanto pertenece a la Religión y a las leyes.

Los censores ejercen una potestad política y moral que tiene alguna semejanza con la del Areópago de Atenas, y de los censores de Roma. Serán ellos los fiscales contra el Gobierno para celar si la Constitución y los Tratados públicos se observan con religión. He puesto bajo su égida el Juicio Nacional, que debe decidir de la buena o mala administración del Ejecutivo.

Son los censores los que protegen la moral, las ciencias, las artes, la instrucción y la imprenta. La más terrible como la más augusta función pertenece a los censores. Condenan a oprobio eterno a los usurpadores de la autoridad soberana, y a los insignes criminales. Conceden honores públicos a los servicios y a las virtudes de los ciudadanos ilustres. El fiel de la gloria se ha confiado a sus manos: por lo mismo, los censores deben gozar de una inocencia intacta, y de una vida sin mancha. Si delinquen, serán acusados hasta por faltas leves. A estos Sacerdotes de las leyes he confiado la conservación de nuestras sagradas tablas, porque son ellos los que deben clamar contra sus profanadores.

El presidente de la República viene a ser en nuestra Constitución, come el Sol que, firme en su centro, da vida al Universo. Esta suprema Autoridad debe ser perpetua; porque en los sistemas sin jerarquías se necesita más que en otros, un punto fijo alrededor del cual giren los magistrados y ciudadanos: los hombres y las cosas. Dadme un punto fijo, decía un antiguo, y moveré el mundo. Para Bolivia, este punto es el presidente vitalicio. En él estriba todo nuestro orden, sin tener por esto acción. Se le ha cortado la cabeza para que nadie tema sus intenciones, y se le han ligado las manos para que a nadie dañe.

El presidente de Bolivia participa de las facultades del Ejecutivo Americano, pero con restricciones favorables al pueblo. Su duración es la de los Presidentes del Haití. Yo he tomado para Bolivia el Ejecutivo de la República más democrática del mundo.

La isla de Haití (permítaseme esta digresión), se hallaba en insurrección permanente: después de haber experimentado el imperio, el reino, la república, todos los gobiernos conocidos y algunos más, se vio forzada a ocurrir al ilustre Petión para que la salvase. Confiaron en él, y los destinos de Haití no vacilaron más. Nombrado Petión presidente vitalicio con facultades para elegir el sucesor, ni la muerte de este grande hombre, ni la sucesión del nuevo presidente, han causado el menor peligro en el Estado: toda ha marchado bajo el digno Boyer, en la calma de un reino legítimo. Prueba triunfante de que un presidente vitalicio, con derecho para elegir el sucesor, es la inspiración más sublime en el orden republicano.

El presidente de Bolivia será menos peligroso que el de Haití, siendo el modo de sucesión más seguro para el bien del Estado. Además el presidente de Bolivia está privado de todas las influencias: no nombra los magistrados, los jueces, ni las dignidades eclesiásticas, por pequeñas que sean. Esta disminución de poder no la ha sufrido todavía ningún gobierno bien constituido: ella añade trabas sobre trabas a la autoridad de un Jefe que hallará siempre a todo el pueblo dominado por los que ejercen las funciones más importantes de la sociedad. Los Sacerdotes mandan en las conciencias, los jueces en la propiedad, el honor y la vida, y los magistrados en todos los actos públicos. No debiendo éstos sino al Pueblo sus dignidades, su gloria y su fortuna, no puede el presidente esperar complicarlos en sus miras ambiciosas. Si a esta consideración se agregan las que naturalmente nacen de las oposiciones generales que encuentran un Gobierno democrático en todos los momentos de su administración, parece que hay derecho para estar cierto de que la usurpación del Poder público dista más de este Gobierno que de otro ninguno.

¡Legisladores! La libertad de hoy más, será indestructible en América. Véase la naturaleza salvaje de este continente, que expele por sí sola el orden monárquico: los desiertos convidan a la independencia. Aquí no hay grandes nobles, grandes eclesiásticos. Nuestras riquezas eran casi nulas, y en el día lo son todavía más. Aunque la Iglesia goza de influencia, está lejos de aspirar al dominio, satisfecha con su conservación. Sin estos apoyos, los tiranos no son permanentes; y si algunos ambiciosos se empeñan en levantar imperios, Dessalines, Cristóbal, Iturbide, les dicen lo que deben esperar. No hay poder más difícil de mantener que el de un príncipe nuevo. Bonaparte, vencedor de todos los ejércitos, no logró triunfar de esta regla, más fuerte que los imperios. Y si el gran Napoleón no consiguió mantenerse contra la liga de los republicanos y de los aristócratas ¿quién alcanzará, en América, fundar monarquías, en su suelo incendiado con las brillantes llamas de la libertad, y que devora las tablas que se le ponen para elevar esos cadalsos regios? No, legisladores: no temáis a los pretendientes a coronas: ellas serán para cabezas la espada pendiente sobre Dionisio. Los príncipes flamantes que se obsequien hasta construir tronos encima de los escombros de la libertad, erigirán túmulos a sus cenizas, que digan a los siglos futuros cómo prefirieron su fatua ambición a la libertad y a la gloria.

Los límites constitucionales del presidente de Bolivia, son los más estrechos que se conocen: apenas nombra los empleados de hacienda, paz y guerra: manda el ejército. He aquí sus funciones.

La administración pertenece toda al Ministerio, responsable a los censores, y sujeta a la vigilancia celosa de todos los legisladores, magistrados, jueces y ciudadanos. Los aduanistas, y los soldados únicos agentes de este ministerio, no son la verdad, los más adecuados para captarle la aura popular; así su influencia será nula.

El vicepresidente es el magistrado más encadenado que ha servido el mando: obedece juntamente al Legislativo y al Ejecutivo de un gobierno republicano. Del primero recibe las leyes; del segundo las órdenes: y entre estas dos barreras ha de marchar por un camino angustiado y flanqueado de precipicios. A pesar de tantos inconvenientes, es preferible gobernar de este modo, más bien que con imperio absoluto. Las barreras constitucionales ensanchan una conciencia política, y le dan firme esperanza de encontrar al fanal que la guíe entre los escollos que la rodean: ellas sirven de apoyo contra los empujes de nuestras pasiones, concentradas con los intereses ajenos.

En el gobierno de los Estados Unidos se ha observado últimamente la práctica de nombrar al primer Ministro para suceder al presidente. Nada es tan conveniente, en una república, como este método: reúne la ventaja de poner a la cabeza de la administración un sujeto experimentado en el manejo del Estado. Cuando entra a ejercer sus funciones, va formado, y lleva consigo la aureola de la popularidad, y una práctica consumada. Me he apoderado de esta idea, y la he establecido como ley.

El presidente de la República nombra el vicepresidente, para que administre el Estado, y le suceda en el mando. Por esta providencia se evitan las elecciones, que producen en grande azote de las repúblicas, y la anarquía, que es el lujo de la tiranía, y el peligro más inmediato y más terrible de los gobiernos populares. Ved de qué modo sucede como en los reinos legítimos, la tremenda crisis de las repúblicas.

El vicepresidente deber ser el hombre más puro: la razón es, que si el primer magistrado no elige un ciudadano muy recto, debe temerle como a enemigo encarnizado; y sospechar hasta de sus secretas ambiciones. Este vicepresidente ha de esforzarse a merecer por sus buenos servicios el crédito que necesita para desempeñar las más altas funciones, y esperar la gran recompensa nacional el mando supremo. El Cuerpo Legislativo y el pueblo exigirán capacidades y talentos de parte de este magistrado; y le pedirán una ciega obediencia a las leyes de la libertad.

Siendo la herencia la que perpetúa el régimen monárquico, y lo hace casi general en el mundo: ¿cuánto más útil no es el método que acabo de proponer para la sucesión del vicepresidente? ¿Qué fueran los príncipes hereditarios elegidos por el mérito, y no por la suerte; y que en lugar de quedarse en la inacción y en la ignorancia, se pusieron a la cabeza de la administración? Serían sin duda, monarcas más esclarecidos, y harían la dicha de los pueblos. Sí, legisladores, la monarquía que gobierna la tierra, ha obtenido sus títulos de aprobación de la herencia que la hace estable, y de la unidad que la hace fuerte. Por esto, aunque un príncipe soberano es un niño mimado, enclaustrado en su palacio, educado por la adulación y conducido por todas las pasiones, este príncipe que me atrevería a llamar la ironía del hombre, manda al género humano, porque conserva el orden de las cosas y la subordinación entre los ciudadanos, con un poder firme, y una acción constante. Considerad, legisladores, que estas grandes ventajas se reúnen en el presidente vitalicio y vicepresidente hereditario.

El Poder Judicial que propongo goza de una independencia absoluta: en ninguna parte tiene tanta. El pueblo presenta los candidatos, y el Legislativo escoge los individuos que han de componer los Tribunales. Si el Poder Judicial no emana de este origen, es imposible que conserve en toda su pureza, la salvaguardia de los derechos individuales. Estos derechos, legisladores, son los que constituyen la libertad, la igualdad, la seguridad, todas las garantías del orden social. La verdadera constitución liberal está en los códigos civiles y criminales; y la más terrible tiranía la ejercen los Tribunales por el tremendo instrumento de las leyes. De ordinario el Ejecutivo no es más que el depositario de la cosa pública; pero los Tribunales son los árbitros de las cosas propias —de las cosas de los individuos—. El Poder Judicial contiene la medida del bien o del mal de los ciudadanos; y si ha libertad, si hay justicia en la República, son distribuidas por este poder. Poco importa a veces la organización política, con tal que la civil sea perfecta; que las leyes se cumplan religiosamente, y se tengan por inexorables como el Destino.

Era de esperarse, conforme a las ideas del día, que prohibiésemos el uso del tormento, de las confesiones; y que cortásemos la prolongación de los pleitos en el intrincado laberinto de las apelaciones.

El territorio de la República se gobierna por prefectos, gobernadores, corregidores, jueces de Paz y alcaldes. No he podido entrar en el régimen interior y facultades de estas jurisdicciones; es mi deber, sin embargo, recomendar al Congreso lo reglamentos concernientes al servicio de los departamentos y provincias. Tened presente, legisladores, que las naciones se componen de ciudades y de aldeas; y que del bienestar de éstas se forma la felicidad del Estado. Nunca prestaréis demasiado vuestro atención al buen régimen de los departamentos. Este punto es de predilección en la ciencia legislativa y no obstante es harto desdeñado.

He dividido la fuerza armada en cuatro partes: ejército de línea, escuadra, milicia nacional, y resguardo militar. El destino del ejército es guarnecer la frontera. ¡Dios nos preserve de que vuelva sus armas contra los ciudadanos! Basta la milicia nacional para conservar el orden interno. Bolivia no posee grandes costas, y por lo mismo es inútil la marina: debemos, a pesar de esto, obtener algún día uno y otro. El resguardo militar es preferible por todos respectos al de guardas: un servicio semejante es más inmoral que superfluo: por lo tanto interesa a la República, guarnecer sus fronteras con tropas de línea, y tropas de resguardo contra la guerra del fraude.

He pensado que la constitución de Bolivia debiera reformarse por períodos, según lo exige el movimiento del mundo moral. Los trámites de la reforma se han señalado en los términos que he juzgado más propios del caso.

La responsabilidad de los Empleados se señala en la Constitución Boliviana del modo más efectivo. Sin responsabilidad, sin represión, el estado es en caos. Me atrevo a instar con encarecimiento a los legisladores, para que dicten leyes fuertes y terminantes sobre esta importante materia. Todos hablan de responsabilidad, pero ella se queda en los labios. No hay responsabilidad, legisladores: los magistrados, jueces y Empleados abusan de sus facultades, porque no se contiene con rigor a los agentes de la administración; siendo entre tanto los ciudadanos víctimas de este abuso. Recomendara yo una ley que prescribiera un método de responsabilidad anual para cada Empleado.

Se han establecido las garantías más perfectas: la libertad civil es la verdadera libertad; las demás son nominales, o de poca influencia con respecto a los ciudadanos. Se ha garantizado la seguridad personal, que es el fin de la sociedad, y de cual emanan las demás. En cuanto a la propiedad, ella depende del código civil que vuestra sabiduría debiera componer luego, para la dicha de vuestros conciudadanos. He conservado intacta la ley de las leyes —la igualdad: sin ella perecen todas las garantías, todos los derechos. A ella debemos hacer los sacrificios. A sus pies he puesto, cubierta de humillación, a la infame esclavitud.

Legisladores, la infracción de todas la leyes es la esclavitud. La ley que la conservara, sería la más sacrílega. ¿Qué derecho se alegaría para su conservación? Mírese este delito por todos los aspectos, y no me persuado que haya uno solo Boliviano tan depravado, que pretenda legitimar la más insigne violación de la dignidad humana. ¡Un hombre poseído por otro! ¡Un hombre propiedad! ¡Una imagen de Dios puesta al yugo como el bruto! Dígasenos ¿dónde están los títulos de los usurpadores del hombre? La Guinea no las ha mandado, pues el África devastada por el fratricidio, no ofrece más que crímenes. Trasplantadas aquí estas reliquias de aquellas tribus africanas, ¿qué ley o potestad será capaz de sancionar el dominio sobre estas víctimas? Trasmitir, prorrogar, eternizar este crimen mezclado de suplicios, es el ultraje más chocante. Fundar un principio de posesión sobre la más feroz delincuencia no podría concebirse sin el trastorno del deber. Nadie puede romper el santo dogma de la igualdad. Y ¿habrá esclavitud donde reina la igualdad? Tales contradicciones formarían más bien el vituperio de nuestra razón que el de nuestra justicia: seríamos reputados por más dementes que usurpadores.

Si no hubiera un Dios Protector de la inocencia y de la libertad, prefiriera la suerte de un león generoso, dominando en los desiertos y en los bosques, a la de un cautivo al servicio de un infame tirano que, cómplice de sus crímenes, provocara la cólera del Cielo. Pero no: Dios ha destinado el hombre a la libertad: él lo protege para que ejerza la celeste función del albedrío.

¡Legisladores! Haré mención de un artículo que, según mi conciencia, he debido omitir. En una constitución política no debe prescribirse una profesión religiosa; porque según las mejores doctrinas sobre las leyes fundamentales, éstas son las garantías de los derechos políticos y civiles; y como la religión no toca a ninguno de estos derechos, el es de naturaleza indefinible en el orden social, y pertenece a la moral intelectual. La Religión gobierna al hombre en la casa, en el gabinete, dentro de sí mismo: solo ella tiene derecho de examinar su conciencia íntima. Las leyes, por el contrario, miran la superficie de las cosas: no gobiernan sino fuera de la casa del ciudadano. Aplicando estas consideraciones ¿podrá un Estado regir la conciencia de los súbditos, velar sobre el cumplimiento de las leyes religiosas, y dar el premio o el castigo, cuando los tribunales están en el Cielo, y cuando Dios es el juez? La inquisición solamente sería capaz de reemplazarlos en este mundo. ¿Volverá la inquisición con sus tareas incendiarias?

La Religión es la ley de la conciencia. Toda ley sobre ella la anula porque imponiendo la necesidad al deber, quita el mérito a la fe, que es la base de la Religión. Los preceptos y los dogmas sagrados son útiles, luminosos y de evidencia metafísica; todos debemos profesarlos, mas este deber es moral, no político.

Por otra parte, ¿cuáles son en este mundo los derechos del hombre hacia la Religión? Ellos están en el Cielo; allá el tribunal recompensa el mérito, y hace justicia según el código que ha dictado el legislador. Siendo todo esto de jurisdicción divina, me parece a primera vista sacrílego y profano mezclar nuestras ordenanzas con los mandamientos del Señor. Prescribir, pues, la Religión, no toca al legislador; porque éste debe señalar penas a las infracciones de las leyes, para que no sean meros consejos. No habiendo castigos temporales, ni jueces que los aplique, la ley deja de ser ley.

El desarrollo moral del hombre es la primera intención del legislador: luego que este desarrollo llega a lograrse, el hombre apoya su moral en las verdades reveladas, y profesa de hecho la Religión, que es tanto más eficaz, cuanto que la ha adquirido por investigaciones propias. Además, los padres de familia no pueden descuidar el deber religioso hacia sus hijos. Los pastores espirituales están obligados a enseñar la ciencia del Cielo: el ejemplo de los verdaderos discípulos de Jesús, es el maestro más elocuente de su divina moral; pero la moral no se manda, ni el que manda es maestro, ni la fuerza debe emplearse en dar consejos. Dios y sus Ministros son las autoridades de la Religión que obra por medios y órganos exclusivamente espirituales; pero de ningún modo el Cuerpo Nacional, que dirige el poder público a objetos puramente temporales.

Legisladores, al ver ya proclamada la nueva Nación Boliviana, ¡cuán generosas y sublimes consideraciones no deberán elevar vuestras almas! La entrada de un nuevo estado en la sociedad de los demás, es un motivo de júbilo para el género humano, porque se aumenta la gran familia de los pueblos. ¡Cuál, pues, debe ser el de sus fundadores! —¡¡y el mío!!, viéndome igualado con el más célebre de los antiguos, —¡el Padre de la Ciudad eterna! Esta gloria pertenece de derecho a los Creadores de las Naciones, que, siendo sus primeros bienhechores, han debido recibir recompensas inmortales; mas la mía, además de inmortal tiene el mérito de ser gratuita por no merecida. ¿Dónde está la república, dónde la ciudad que yo he fundado? Vuestra munificiencia, dedicándome una nación, se ha adelantado a todos mis servicios; y es infinitamente superior a cuantos bienes pueden haceros los hombres.

Mi desesperación se aumenta al contemplar la inmensidad de vuestro premio, porque después de haber agotado los talentos, las virtudes, el genio mismo del más grande de los héroes, todavía sería yo indigno de merecer el nombre que habéis querido daros, ¡el mío!! ¡Hablaré yo de gratitud, cuando ella no alcanzará jamás a expresar ni débilmente lo que experimento por vuestra bondad que, como la de Dios, pasa todos los límites! Sí: solo Dios tenía potestad para llamar a esta tierra Bolivia ... ¿Qué quiere decir Bolivia? Un amor desenfrenado de libertad, que al recibirla, vuestro arrobo, no vio nada que fuera igual a su valor. No hallando vuestra embriaguez una demostración adecuada a la vehemencia de sus sentimientos, arrancó vuestro nombre, y dio el mío a todas vuestras generaciones. Esto, que es inaudito en la historia de los siglos, lo es aun más en la de los desprendimientos sublimes. Tal rasgo mostrará a los tiempos que están en el pensamiento del Eterno, lo que anhelabais la posesión de vuestros derechos, que es la posesión de ejercer las virtudes políticas, de adquirir los talentos luminosos, y el goce de ser hombres. Este rasgo, repito, probará que vosotros erais acreedores a obtener la gran bendición del Cielo —la Soberanía del Pueblo— única autoridad legítima de las Naciones.

Legisladores, felices vosotros que presidís los destinos de una República que ha nacido coronada con los laureles de Ayacucho, y que debe perpetuar su existencia dichosa bajo las leyes que dicte vuestra sabiduría, en la calma que ha dejado la tempestad de la Guerra.

Lima, a 25 de mayo de 1826.

Bolívar

Imprenta del venezolano
mi delirio sobre el Chimborazo

Yo venía envuelto con un manto del Iris, desde donde paga su tributo el caudaloso Orinoco al dios de las aguas. Había visitado las encantadas fuentes amazónicas, y quise subir al atalaya del universo. Busqué las huellas de la Condamine y Humboldt; seguílas audaz, nada me detuvo; llegué a la región glacial; el éter sofocaba mi aliento. Ninguna planta humana había hollado la corona diamantina que puso las manos de la eternidad sobre las sienes excelsas del dominador de los Andes. Yo me dije: este manto del Iris que me ha servido de estandarte ha recorrido en mis manos regiones infernales, surcado los ríos y los mares y subido sobre los hombros de los Andes; la tierra se ha allanado a los pies de Colombia, y el tiempo no ha podido detener la marca de la libertad. Belona ha sido humillada por el resplandor del Iris, ¿y no podré yo trepar sobre los cabellos canosos del gigante de la tierra? Sí podré! y arrebatado por la violencia de un espíritu desconocido para mí que me parecía divino, dejé atrás las huellas de Humboldt empañado los cristales eternos que circuyen el Chimborazo. Llegó como impulsado por el genio que me animaba, y desfallezco al tocar con mi cabeza la copa del firmamento; tenía a mis pies los umbrales del abismo.

Un delirio febril embargaba mi mente; me siento como encendido por un fuego extraño y superior, era el Dios de Colombia que me poseía.

De repente se me presenta el tiempo. Bajo el semblante venerable de un viejo cargado con los despojos de las edades; ceñudo, inclinado, calvo, rizada la tez, una hoz en la mano...

«Yo soy el padre de los siglos; soy el arcano de la fama y del secreto; mi madre fue la eternidad; los límites de mi imperio los señala el infinito; no hay sepulcro para mí, porque soy más poderoso que la muerte; miro lo pasado; miro lo futuro, y por mi mano pasa lo presente. ¿Por qué te envaneces niño o viejo, hombre o héroe? ¿Crees que es algo vuestro universo? ¿Que levantaros sobre un átomo de la creación es elevaros? ¿Pensáis que los instantes que llamáis siglos pueden servir de medida a mis arcanos? ¿Imagináis que habéis visto la santa verdad? ¿Suponéis locamente que vuestras acciones tienen algún precio a mis ojos? Todo es menos que un punto a la presencia de lo Infinito que es mi hermano.»

Sobrecogido de un terror sagrado, «¿cómo ¡oh Tiempo! —respondí—, no ha de desvanecerse el mísero mortal que ha subido tan alto? He pasado a todos los hombres en fortuna porque me he elevado sobre la cabeza de todos. Yo domino la tierra con mis plantas; llego al Eterno con mis manos; siento las presiones infernales bullir bajo mis pasos; estoy mirando junto a mí rutilantes astros, los soles infinitos; mido sin asombro el espacio que encierra la materia; y en tu rostro leo la historia de lo pasado y los pensamientos del destino».

«Observa, me digo: aprende, conserva en tu mente lo que has visto, dibuja a los ojos de los semejantes el cuadro del universo físico, del universo moral; no escondas los secretos que el cielo te ha revelado; di la verdad a los hombres.»

La fantasma desapareció.

Absorto, yerto, por decirlo así, quedé exánime largo tiempo, tendido sobre aquel inmenso diamante que me servía de lecho. En fin, la tremenda voz de Colombia me grita; resucito, me incorporo, abro con mis propias manos mis pesados párpados: vuelvo a ser hombre y escribo mi delirio.

Gaceta de Colombia. N° 110. 23 De noviembre de 1823
palabras dirigidas al Congreso de Perú, el 13 de septiembre
de 1823

Señor:

El Congreso Constituyente del Perú ha colmado para conmigo a la medida de su bondad: jamás mi gratitud alcanzará a la inmensidad de su confianza. Yo llenaré, sin embargo, este vacío con todos los sacrificios de mi vida: haré por el Perú mucho más de lo que admite mi capacidad, porque cuento con los esfuerzos de mis generosos compañeros. La sabiduría del Congreso será mi antorcha en medio del caos de dificultades y peligros en que me hallo sumergido. El presidente del Estado por sus servicios, patriotismo y virtud, habría él solo salvado su patria, si se le hubiese confiado este glorioso empeño: el Poder Ejecutivo será mi diestra, y el instrumento de todas mis operaciones. Cuento también con los talentos y virtudes de todos los peruanos, prontos a elevar el edificio de su hermosa república; ellos han puesto en las aras de la patria todas sus ofrendas; no les queda más su corazón, pero este corazón es para mí el paladión de su libertad. Los soldados libertadores que han venido desde la Plata, el Maule, el Magdalena y el Orinoco, no volverán a su patria sino cubiertos de laureles, pasando por arcos triunfales, llevando por trofeos los pendones de Castilla. Vencerán y dejarán libre el Perú, o todos morirán: Señor, yo lo prometo.

Señor: yo ofrezco la victoria confiado en el valor del ejército unido, y en la buena fe del Congreso, Poder Ejecutivo y pueblo peruano; así el Perú quedará independiente, y soberano por todos los siglos de existencia que la Providencia Divina le señale.

jefe supremo de la República, capitán general de los
ejércitos de Venezuela y de Nueva Granada, &., &..

A los habitantes de la provincia de Caracas.
Un ejército provisto de artillería y cantidad suficiente de fusiles y municiones está hoy a mi disposición para libertaros. Vuestros tiranos serán destruidos, o expelidos del país, y vosotros restituidos a vuestros derechos, a vuestra patria y a la paz.

La guerra a muerte que nos han hecho nuestros enemigos cesará por nuestra parte: perdonaremos a los que se rindan, aunque sean españoles. Los que sirvan la causa de Venezuela serán considerados como amigos, y empleados según su mérito y capacidad.

Las tropas pertenecientes al enemigo que se pasen a nosotros, gozarán de todos los beneficios que la patria concede a sus bienhechores.

Ningún español sufrirá la muerte fuera del campo de batalla. Ningún americano sufrirá el menor perjuicio por haber seguido el partido del rey, o cometido actos de hostilidad contra sus conciudadanos.

Esa porción desgraciada de nuestros hermanos que ha gemido bajo las miserias de la esclavitud ya es libre. La naturaleza, la justicia y la política piden la emancipación de los esclavos; de aquí en adelante solo habrá en Venezuela una clase de hombres, todos serán ciudadanos.

Luego que tomemos la capital convocaremos el Congreso General de los representantes del pueblo, y restableceremos el gobierno de la República. Mientras nosotros marchamos hacia Caracas, el general Mariño a la cabeza de un cuerpo numeroso de tropas, debe atacar a Cumaná. El general

Piar sostenido por los generales Rojas y Monagas ocupará
los Llanos, y avanzará sobre Barcelona, mientras el general
Arismendi con su ejército victorioso ocupará la Margarita.
Simón Bolívar

Brigadier de la unión, general en jefe del Ejército del norte, libertador de Venezuela

A sus conciudadanos:

Venezolanos:
Un ejército de hermanos, enviado por el soberano Congreso de la Nueva Granada, ha venido a libertaros, y ya lo tenéis en medio de vosotros, después de haber expulsado a los opresores de las provincias de Mérida y Trujillo.

Nosotros somos enviados a destruir a los españoles, a proteger a los americanos, y a restablecer los gobiernos republicanos que formaban la Confederación de Venezuela. Los Estados que cubren nuestras armas, están regidos nuevamente por sus antiguas constituciones y magistrados, gozando plenamente de su libertad e independencia; porque nuestra misión solo se dirige a romper las cadenas de la servidumbre, que agobian todavía a algunos de nuestros pueblos, sin pretender dar leyes, ni ejercer actos de dominio, a que el derecho de la guerra podría autorizarnos.

Tocado de vuestros infortunios, no hemos podido ver con indiferencia las aflicciones que os hacían experimentar los bárbaros españoles, que os han aniquilado con la rapiña, y os han destruido con la muerte; que han violado los derechos sagrados de las gentes; que han infringido las capitulaciones y los tratados más solemnes; y, en fin, han cometido todos los crímenes, reduciendo la República de Venezuela a la más espantosa desolación. Así pues, la justicia exige la vindicta, y la necesidad nos obliga a tomarla. Que desaparezcan para siempre del suelo colombiano los monstruos que lo infestan y han cubierto de sangre; que su escarmiento sea igual a la enormidad de su perfidia, para lavar de este modo la mancha de nuestra ignominia, y mostrar a las naciones del universo, que no se ofende impunemente a los hijos de América.

A pesar de nuestros justos resentimientos contra los inicuos españoles, nuestro magnánimo corazón se digna, aún, abrirles por la última vez una vía a la conciliación y a la amistad; todavía se les invita a vivir pacíficamente entre nosotros, si detestando sus crímenes, y convirtiéndose de buena fe, cooperan con nosotros a la destrucción del gobierno intruso de España, y al restablecimiento de la República de Venezuela.

Todo español que no conspire contra la tiranía en favor de la justa causa, por los medios más activos y eficaces, será tenido por enemigo, y castigado como traidor a la patria y, por consecuencia, será irremisiblemente pasado por las armas. Por el contrario, se concede un indulto general y absoluto a los que pasen a nuestro ejército con sus armas o sin ellas; a los que presten sus auxilios a los buenos ciudadanos que se están esforzando por sacudir el yugo de la tiranía. Se conservarán en sus empleos y destinos a los oficiales de guerra, y magistrados civiles que proclamen el Gobierno de Venezuela, y se unan a nosotros; en una palabra, los españoles que hagan señalados servicios al Estado, serán reputados y tratados como americanos.

Y vosotros, americanos, que el error o la perfidia os ha extraviado de las sendas de la justicia, sabed que vuestros hermanos os perdonan y lamentan sinceramente vuestros descarríos, en la íntima persuasión de que vosotros no podéis ser culpables, y que solo la ceguedad e ignorancia en que os han tenido hasta el presente los autores de vuestros crímenes, han podido induciros a ellos. No temáis la espada que viene a vengaros y a cortar los lazos ignominiosos con que os ligan a su suerte vuestros verdugos. Contad con una inmunidad absoluta en vuestro honor, vida y propiedades;

el solo título de americanos será vuestra garantía y salvaguardia. Nuestras armas han venido a protegeros, y no se emplearán jamás contra uno solo de nuestros hermanos.

Esta amnistía se extiende hasta a los mismos traidores que más recientemente hayan cometido actos de felonía; y será tan religiosamente cumplida, que ninguna razón, causa, o pretexto será suficiente para obligarnos a quebrantar nuestra oferta, por grandes y extraordinarios que sean los motivos que nos deis pare excitar nuestra animadversión.

Españoles y Canarios, contad con la muerte, aun siendo indiferentes, si no obráis activamente en obsequio de la libertad de América. Americanos, contad con la vida, aun cuando seáis culpables.

Cuartel General de Trujillo, 15 de junio de 1813.-3°.
Simón Bolívar

Es copia.
Pedro Briceño Méndez,
Secretario.
Imprenta de Juan Baillio. Caracas.

Palabras de Bolívar a la división del general Urdaneta el 12 de noviembre de 1814, en Pamplona

Vencidos los patriotas venezolanos en 1814, el general Urdaneta que obraba en el Occidente de la república, voló con su división a ofrecer sus servicios a la república de Nueva Granada. A esa misma nación, hermana gemela de Venezuela, corrió Bolívar en aquella emergencia. Bolívar llegaba a Pamplona en propio día que Urdaneta, obedeciendo órdenes del Gobierno granadino debía partir de aquella ciudad hacia Tunja con su división.

Los soldados manifestaron deseos de esperar y ver a su general.

Urdaneta, por satisfacer un capricho de la tropa no podía condescender a aquella demanda, desobedeciendo al Gobierno a quien servía. Se dispuso a partir, y ya habían salido hacia Tunja los primeros cuerpos de la división, cuando oficiales y jefes regresaron a Pamplona, insubordinados, gritando: ¡Viva el general Bolívar! ¡Viva el Libertador!

Poco después arribó éste; y Bolívar, derrotado por los españoles y proscrito por sus paisanos, entró en Pamplona en los brazos y entre las aclamaciones de los soldados.

En la tarde hizo el Libertador que Urdaneta revistara a la tropa y arengó a ésta con las siguientes palabras:

Soldados:
HABÉIS HENCHIDO mi corazón de gozo; pero, ¿a qué costa? A costa de disciplina, de la subordinación que es la primera virtud del militar. Vuestro jefe es el benemérito general Urdaneta; y él lamenta, como yo, el exceso a que os condujo vuestro amor.

Soldados:

Que no se repitan más los actos de desobediencia entre vosotros. Si me amáis, probádmelo, continuando fieles a la disciplina y obedientes a vuestro jefe. Yo no soy más que un soldado que vengo a ofrecer mis servicios a esta nación hermana. Para nosotros la patria es la América; nuestros enemigos los españoles; nuestra enseña la independencia y libertad.

Libros a la carta

A la carta es un servicio especializado para
empresas,
librerías,
bibliotecas,
editoriales
y centros de enseñanza;
y permite confeccionar libros que, por su formato y concepción, sirven a los propósitos más específicos de estas instituciones.

Las empresas nos encargan ediciones personalizadas para marketing editorial o para regalos institucionales. Y los interesados solicitan, a título personal, ediciones antiguas, o no disponibles en el mercado; y las acompañan con notas y comentarios críticos.

Las ediciones tienen como apoyo un libro de estilo con todo tipo de referencias sobre los criterios de tratamiento tipográfico aplicados a nuestros libros que puede ser consultado en Linkgua-ediciones.com.

Linkgua edita por encargo diferentes versiones de una misma obra con distintos tratamientos ortotipográficos (actualizaciones de carácter divulgativo de un clásico, o versiones estrictamente fieles a la edición original de referencia).

Este servicio de ediciones a la carta le permitirá, si usted se dedica a la enseñanza, tener una forma de hacer pública su interpretación de un texto y, sobre una versión digitalizada «base», usted podrá introducir interpretaciones del texto fuente. Es un tópico que los profesores denuncien en clase los desmanes de una edición, o vayan comentando errores de interpretación de un texto y esta es una solución útil a esa necesidad del mundo académico.

Asimismo publicamos de manera sistemática, en un mismo catálogo, tesis doctorales y actas de congresos académicos, que son distribuidas a través de nuestra Web.

El servicio de «libros a la carta» funciona de dos formas.

1. Tenemos un fondo de libros digitalizados que usted puede personalizar en tiradas de al menos cinco ejemplares. Estas personalizaciones pueden ser de todo tipo: añadir notas de clase para uso de un grupo de estudiantes, introducir logos corporativos para uso con fines de marketing empresarial, etc. etc.

2. Buscamos libros descatalogados de otras editoriales y los reeditamos en tiradas cortas a petición de un cliente.

www.ingramcontent.com/pod-product-compliance
Lightning Source LLC
LaVergne TN
LVHW040207180726
843489LV00007B/2744